DU DIVORCE

ET DE LA

SÉPARATION DE CORPS.

DU DIVORCE

ET DE LA

SÉPARATION DE CORPS,

PAR J. MALEVILLE,

Président au Tribunal de cassation, et l'un des rédacteurs du Code civil.

A PARIS,

DE L'IMPRIMERIE DE GOUJON FILS,
rue Taranne, N°. 737.

AN X. — 1801.

DU DIVORCE,

ET DE LA

SÉPARATION DE CORPS.

La funeste expérience que depuis dix ans nous faisons du divorce, avait singulièrement réfroidi les gens sages sur cette découverte, et ils avaient applaudi à l'exclusion donnée, dans le projet de code civil, au motif fondé sur l'incompatibilité d'humeurs, lorsque les commissaires d'un tribunal que je n'ai pas intérêt de décrier, sont venus renouveller la querelle, et ont remis en question ce qui semblait irrévocablement décidé par l'opinion publique (1).

Comme l'avis de ces commissaires peut faire une grande impression, soit par la considération personnelle qu'ils méritent, soit par les développemens qu'ils ont donnés à leurs motifs, et qu'au fait cette question a bien ses difficultés, j'ai cru qu'il serait utile de la discuter encore.

____

(1) Il est bon que le public sache que les observations des commissaires du tribunal de cassation dans cette partie, n'ont passé qu'à l'avis de trois contre deux.

J'examinerai donc dans un premier cha-
pitre les avantages et les inconvéniens du divorce en général; dans le second, les causes
particulières de divorce, introduites par la loi
du 20 septembre 1792 ; dans le troisième,
j'espère prouver la justice et la nécessité même
de laisser la voie de la séparation de corps,
pour ceux dont la religion prohibe le divorce.

CHAPITRE PREMIER.

Des avantages et des inconvéniens du divorce
en général.

Il n'est pas de mauvaise loi qui ne présente quelque côté favorable; mais le devoir
du législateur est de les embrasser tous, et de
ne se déterminer à statuer, que lorsqu'il est
convaincu, par la comparaison des avantages
et des inconvéniens de sa nouvelle loi, que
les premiers surpassent de beaucoup les autres.

Examinons donc sans prévention les avantages et les inconvéniens du divorce.

Le seul avantage réel qu'il ait exclusive-
ment, c'est de mettre les époux divorcés en

état de se remarier, et de donner de nouveaux enfans à l'état, et c'est en ce sens que Montesquieu a dit que le divorce avait un grand avantage politique. Quant au scandale, aux rixes, aux querelles que la haine occasionne entre des époux mal assortis, et aux mauvais exemples qui en résultent pour les enfans, la séparation de corps peut y remédier ou les prévenir tout comme le divorce.

Mais cet avantage, du côté de la population, est-il en effet aussi grand qu'il le paraît au premier coup-d'œil ?

D'abord, le divorce n'est guères pratiqué que par les gens corrompus, et ce ne sont pas ces gens-là qui peuplent.

Ensuite, si les divorces sont rares, l'accroissement qui en résulte pour la population, doit être aussi très-peu considérable ; s'ils sont communs et faciles, ils dégoutent du mariage : or, ce n'est que des mariages qu'on peut attendre la propagation de l'espèce humaine.

Supposons cependant que cet avantage du côté de la population est en effet considérable, et voyons maintenant s'il n'est pas plus que compensé par les inconvéniens du divorce.

1°. Le divorce est très-nuisible aux enfans, Mais c'est pour les enfans que le mariage a été institué ; sans la nécessité de les élever, les hommes s'en seraient tenus à des unions passagères, et ils ne se seraient jamais assujétis aux incommodités qui résultent d'un choix unique, et d'un lien éternel. C'est donc l'intérêt des enfans qu'il faut principalement consulter, dans toutes les questions relatives au mariage ; mais est-il besoin de dire combien il est dur de les priver de l'un des deux protecteurs que la nature leur avait donnés, et qui leur étaient également nécessaires, chacun dans son espèce, et bien plus encore de les exposer à voir remplacer les tendres soins d'une mère, par la froideur et les dédains d'une marâtre?

Cet intérêt des enfans est tellement blessé par le divorce; il est si cruel de les voir nécessairement abandonnés par l'un des auteurs de leurs jours, et partagés comme à la fin d'un bail on partage le troupeau d'une bergerie, que des écrivains très-estimables ont soutenu que, tant qu'il y avait des enfans, il ne peut pas y avoir de divorce; l'obligation de les élever et de les défendre étant en effet l'objet final du mariage, il n'est pas au pouvoir des époux de la dissoudre, et le mariage doit subsister malgré eux , tant que l'obligation dure.

2°. Le divorce diminue le respect dû au mariage ; respect cependant qu'il importe si fort de consacrer par les lois et par les mœurs : pour prétendre le contraire, il faudrait soutenir que la durée légale du mariage n'influe point dans l'esprit du peuple sur le respect dû à ce lien ; qu'un mariage pour un an , pour un mois , sera aussi respecté que celui qui ne doit avoir pour terme que la vie ; absurdité trop manifeste pour avoir besoin d'une réfutation sérieuse.

3°. Le divorce, loin d'augmenter les égards que les époux se doivent pour être heureux , les affaiblit , et les dénature : dans l'état du mariage indissoluble, la nécessité même oblige de se pardonner mutuellement ses erreurs ou ses faiblesses : mais l'idée du divorce constitue les époux dans un état hostile ; ils se mesurent sans se craindre, et à la première querelle, la menace du divorce est dans la bouche ou dans les yeux.

4°. Le divorce détruit de toutes manières les mœurs; il énerve l'autorité maritale, qui devrait les conserver; il introduit dans le ménage une anarchie mère de tous les désordres (1); il expose les femmes à des sollicitations qui paraissent moins criminelles, quand elles peuvent avoir pour objet un nouveau mariage, permis par les lois; il accoutume les époux à se considérer comme existans dans une union passagère, et laisse promener leurs regards sur tous les objets de séduction qui peuvent leur faire espérer plus de bonheur, comme s'ils étaient dans l'état de leur liberté primitive.

5°. Le divorce est le plus souvent funeste aux époux même dont il favorise momentanément les passions; dans le cas d'une simple

____

(1) Les dames romaines appelaient leurs maris *Domine carissime*. Ce protocole se trouve dans la loi 57, ff. *De donat. inter vir. et uxor.*; et ce titre n'était pas équivalent à notre expression maintenant insignifiante de *Monsieur*, il veut dire maître et seigneur; c'était ce même titre qu'on donnait aux empereurs, *Dominus noster*. Caligula, au rapport de Suétone, fut même le premier qui osa le prendre.

séparation, un remords, une rencontre for-
tuite peuvent ramener des époux, que la violence de ces passions avait désunis; la réflexion
apprécie à leur juste valeur des torts qu'elles
avaient exagérés; la vue sur-tout d'un enfant
commun peut les rappeler à l'amour et à la
concorde, et faire verser autour de lui les pleurs
du repentir et ceux de la clémence. Mais le
divorce, accompagné de la faculté de se remarier, ne laisse plus de retour, ni d'espoir;
le spectacle des enfans communs devient un
supplice, et bientôt la comparaison de l'objet
perdu, avec l'individu nécessairement flétri,
qui communément a été la cause du divorce,
fait le tourment du reste de la vie.

Mais c'est pour les femmes sur-tout que
le divorce est funeste; il n'est qu'une passion
vile, telle que l'avarice ou la débauche, qui
ait pû engager un séducteur à les arracher des
bras de leur époux légitime; mais cette passion une fois satisfaite, ils ne voient plus en
elles qu'un être dégradé, et ils joignent leur
mépris à celui du public, pour les abreuver
chaque jour d'amertume.

Leur sort n'est pas moins triste lorsque c'est
le mari qui a provoqué le divorce; on leur

suppose alors, ou des torts graves, ou des défauts humilians. Aussi de tous les tems, chez les Grecs et chez les Romains, comme parmi les peuples qui ont adopté le divorce dans nos tems modernes, une femme divorcée a été un objet d'opprobre, s'il ne l'était de pitié.

Mais pour apprécier les avantages et les inconvéniens du divorce, est-il besoin d'en aller chercher ailleurs l'expérience ? A en croire ses défenseurs, il devait épurer les mœurs, rendre les mariages plus heureux et plus unis, et épargner au public et aux enfans, le scandale, les querelles, *les crimes* même que des mariages mal assortis produisent, dit-on, si souvent, et dont on fait une peinture si capable d'inspirer la terreur.

D'abord nous avons assez dé nos vices et de nos ridicules, sans charger encore notre tableau des traits hideux de crimes si rares dans nos mariages; qu'on nous reproche notre légèreté, notre inconstance, la faiblesse, la lâcheté mêmes des mœurs de nos grandes villes; nous ne méritons que trop ce reproche; mais il est souverainement injuste de représenter un si grand nombre, un *nombre incalculable* de mariages, comme des scènes de divisions scan-

daleuses, de crimes et de violences. Où se
commettent-ils donc ces crimes? S'ils étaient
si communs, celui de la Brinvilliers serait-
il encore cité parmi nous avec tant d'horreur!
Parlons donc de nos vices, et ne nous oc-
cupons pas de crimes et de violences presqu'in-
connus parmi nous : mais depuis dix ans que
nous avons adopté le divorce, les mariages
sont-ils plus respectés, plus unis qu'ils ne
l'étaient autrefois? N'est-ce plus que les qua-
lités louables qui y déterminent? L'intérêt et
ce qu'on appelle les convenances n'y président-
ils plus? Les maris aiment-ils mieux leurs
femmes, et les femmes sont-elles plus fidèles,
plus obéissantes à leurs maris? Est-on enfin
plus heureux dans le mariage qu'on ne l'était
autrefois, et y a-t-il moins de divorces qu'on
ne comptait autrefois de séparations?
Comme la réponse à toutes ces questions
ne serait pas favorable au divorce, et qu'à en
juger par ses effets, il faudrait se hâter de le
bannir; on prévient cette conséquence en di-
sant qu'il ne faut pas juger du divorce par
les effets qu'il a produits jusqu'à présent; qu'en
« général le plus grand abus des bonnes et des
» mauvaises lois éclate à l'époque de leur nais-

» sance, que les hommes enchaînés jusque-là
» par des règles excessives ou déplacées, dé-
» passent toutes bornes, et que de-là il arrive
» que le législateur, trompé par les cris in-
» discrets du public, révoque une bonne loi
» à l'instant même où les inconvéniens du
» changement étant passés, elle n'avait plus
» que du bien à faire ».

Nous croyons avec les défenseurs du divorce que cette faculté donnée tout-à-coup
à une nation corrompue, devait, dans les com-
mencemens, produire de grands abus, quand
même le divorce aurait été bon en soi ; mais
s'il avait été bon en effet, ces abus auraient
dû cesser après la première effervescence, et
après que les divorces desirés relativement aux
mariages contractés dans l'ancien régime, auraient été prononcés.

Mais il n'en est pas ainsi : la fureur du divorce ne discontinue pas depuis dix ans ; il
ne s'exerce plus aujourd'hui sur les mariages
contractés avant que la nation eût acquis cette
triste faculté ; c'est sur les unions formées depuis, qu'il s'opère avec la licence la plus
effrénée ; c'est relativement aux mariages même
contractés sur un premier divorce ; c'est quel-

quefois contre des mariages formés depuis huit jours, qu'il est réclamé, et ce qui doit conduire aux plus sérieuses réflexions, le nombre des mariages, à Paris, n'a été en l'an 8, que de 3306, et celui des divorces a été de 684 : dans les onze derniers mois de l'an 9, celui des mariages a été de 5401, et celui des divorces, de 659; en sorte que sur cinq mariages qui se font dans la capitale, il y a à parier qu'il y en aura un d'annullé. A-t-on vu rien de semblable parmi les nations qui ont pratiqué le divorce, depuis les tems où, dans Rome perdue, les femmes comptaient leurs années, non par les consulats, mais par le nombre de leurs maris?

Ces faits seuls dispensent de tout raisonnement et de tout autre exemple : veut-on cependant s'éclairer encore par l'expérience d'un peuple dont les mœurs ne sont pas plus pures que les nôtres, et qu'on n'accusera pas d'être inattentif sur les moyens d'amélioration dont sa position est susceptible? Qu'on jette ses regards sur l'Angleterre.

Henri VIII, ce tyran aussi débauché que cruel, y introduisit le divorce, et le permit pour cinq causes, l'adultère, la désertion ma-

licieuse, la trop longue absence, la haine ir-
réconciliable, et les mauvais traitemens.

Eh bien, les anglais, qui voudraient bien
aussi mettre la liberté par-tout, ont successivement aboli les quatre dernières causes, et
le divorce n'est plus permis chez eux que pour
l'adultère.

Encore la prononciation du divorce, dans
ce dernier cas même, n'appartient-elle pas aux
tribunaux : la cour ecclésiastique prononce
la séparation de corps ; les cours de droit commun accordent des dommages-intérêts au mari
de la femme adultere contre le violateur du
lit nuptial ; mais il n'y a que le parlement
qui puisse déclarer le mariage dissous ; en
sorte que le divorce n'est pas un acte de ju-
risdiction, mais l'objet d'une loi qui, dans le
cas particulier, déroge à la loi générale ; il
faut voir là-dessus Blackstone, tome 2, ch. 7.

Quoique les frais d'un pareil acte et de telles
procédures soient énormes, cependant l'abon-
dance de l'or et la corruption des mœurs ren-
daient les adultères et les divorces si fréquens,
qu'en 1779 ils excitèrent la sollicitude du parlement, et il y eut des avis, particulièrement
celui du duc de Richmond, pour abolir entière-

ment le divorce ; on se contenta cependant d'y
mettre de nouvelles entraves : on défendit à
l'homme et à la femme adultères de se remarier avant un an ; mais l'expérience a prouvé
que ce remède ne remplissait pas son objet ; et
dernièrement encore on a vu des plaintes se
renouveller à ce sujet dans le parlement.

Un philosophe profond , et peu acces-
sible aux motifs superstitieux, M. Hume ,
dans le 18ᵉ. de ses Essais philosophiques et
moraux, est de l'avis du duc de Richmond;
et après avoir balancé les raisons pour et
contre, il proscrit absolument le divorce, et
termine sa discussion par cette observation
précieuse :

« Ne rejettons pas au moins l'expérience :
» du tems que le divorce était le plus en
» vogue chez les romains, les mariages étaient
» rares, au point qu'Auguste se vit obligé de
» forcer les hommes à se marier, circonstance
» dont on ne trouve point d'exemples en
» d'autres tems. Denis d'Halicarnasse donne
» de grands éloges à ces lois plus anciennes
» de Rome qui interdisaient le divorce ; il
» régnait, dit-il, une harmonie admirable
» entre les époux, produite par l'union insé-

» parable des intérêts ; considérant la néces-
» sité inévitable qui les liait , ils abandon-
» naient toutes les vues étrangères à cet éta-
» blissement ».

Ces réflexions sont si simples , et si bien à la portée de tout le monde, qu'elles ne peuvent pas manquer de produire leur effet sur qui-conque n'a pas l'esprit fasciné par de grandes passions , ou de grands intérêts : aussi qui est-ce qui a demandé la faculté du divorce au commencement de la révolution ? Était-ce les provinces ? Mais pas un seul cahier ne portait ce vœu. Les seules instructions du duc d'Or-léans en faisaient mention ; et c'est, sans doute, une rencontre remarquable que de voir Henri VIII premier auteur du divorce chez les anglais , et Philippe Égalité son premier promoteur en France.

Comment se peut-il donc que ce divorce auquel personne ne songeait, ait été accueilli avec tant de chaleur, dès que la proposition en a été faite? C'est parce qu'un esprit immodé-ré de liberté avait alors saisi toutes les têtes (1).

______

(1) Pour se convaincre que c'est cet esprit seul qui a introduit parmi nous le divorce, il n'y a qu'à lire le préambule de la loi du 20 septembre 1792 :

C'est ce même esprit qui fit détruire l'autorité paternelle et maritale , et admettre à un partage égal les enfans naturels avec les enfans légitimes. Eh ! comment n'aurait-on pas autorisé le divorce , lorsqu'on invitait d'une manière aussi directe les citoyens à ne plus contracter de mariages ?

Heureusement que ces principes destructeurs de toute société n'ont guères dépassé la capitale. Le divorce n'a point cessé d'être regardé dans les départemens avec indignation, et ceux qui le pratiquaient avec mépris ; et à la réserve de quelques femmes d'émigrés

---

« Considérant, est-il dit, combien il importe de faire
» jouir les français de la faculté du divorce qui ré-
» sulte de la liberté individuelle dont un engage-
» ment indissoluble serait la perte , et que déjà plu-
». sieurs époux n'ont pas attendu que la loi eût réglé
» le mode du divorce, pour jouir des avantages de
» la disposition constitutionnelle, suivant laquelle
» le mariage n'est qu'un contrat civil, l'assemblée
» nationale décrète, etc. ». Aussi vit-on , lors de
la discussion qui précéda cette loi, un législateur
monter à la tribune pour déclarer en mêmes termes,
qu'il prétendait prendre une femme, comme il pre-
nait une chambre dans un hôtel garni, pour un
jour, s'il lui plaisait.

qui ont été forcées de le réclamer pour conserver leurs biens, il est des arrondissemens
très-étendus dans lesquels on n'en voit pas
un seul exemple.

Mais pourquoi introduire ce germe nouveau
de corruption, dans les départemens qui le
rejettent ? Pourquoi leur apporter ce funeste
secours à des maux qu'ils ne connaissent point?
Pourquoi les exposer à être successivement
infectés par la contagion de l'exemple? Faut-
il donc, pour satisfaire les fantaisies de quelques libertins et de quelques dévergondées,
dont le tribunal domestique, dans l'ancienne
Rome, aurait fait briève justice, faut-il, dis-
je, s'exposer à dépraver une grande nation,
et sur-tout les mœurs pures des habitans des
campagnes et des petites villes ? Qu'on recueille
les voix; et dans Paris même, à plus forte raison dans le reste de la France, l'immense
majorité sera pour l'abolition de cette innova-
tion dangereuse (1).

____

(1) J'en excepterais cependant le motif fondé sur
l'adultère, par les raisons et avec les modifications
que j'expliquerai bientôt.

CHAPITRE II.

Discussion des causes particulières de divorce introduites par la loi du 20 septembre 1792.

LES motifs de divorce autorisés par cette loi, sont, 1°. le consentement mutuel des époux ; 2°. l'incompatibilité d'humeurs ; 3°. la démence, folie, ou fureur de l'un des époux ; 4°. la condamnation de l'un d'eux à des peines afflictives ou infamantes ; 5°. les crimes, sévices ou injures graves ; 6°. le déréglement de mœurs notoire ; 7°. l'abandon pendant deux ans au moins ; 8°. l'absence sans nouvelles pendant cinq ans ; 9°. l'émigration.

Après l'examen que nous avons fait, des avantages et des inconvéniens du divorce en général, il suffira d'exposer sur chacune de ces causes ce qui lui est particulier.

§. Ier.

Du consentement mutuel.

Il serait, sans doute, très-commode, lorsqu'on est las l'un de l'autre, de se quitter avec la même légèreté qu'on s'est pris ; mais l'intérêt public ne permet pas un tel vagabondage ; l'objet même du mariage, qui est la procréation et l'éducation des enfans, y résiste ; c'est lui qui l'a fait définir *consortium totius vitæ*, et c'est une extravagance que d'appliquer au mariage cette règle vulgaire pour les autres contrats, que chaque convention peut se détruire de la même manière qu'elle a été formée.

Dans les contrats ordinaires, où il ne s'agit que de l'intérêt de ceux qui les font, il est fort naturel qu'on puisse aussi les dissoudre à volonté ; mais dans le mariage, ce n'est pas seulement avec un individu qu'on s'engage ; c'est avec la république que l'on contracte principalement ; c'est pour l'intérêt des enfans qui sont l'objet final de cette union, que l'on prend l'engagement solemnel d'une fidélité éternelle ; et il est contre la nature des choses qu'on puisse violer cette promesse pour son seul intérêt, et lorsque de si grands intérêts s'y trouveraient compromis.

Le mariage, d'ailleurs, est l'asyle des mœurs ; c'est dans son sein seulement que la pudeur, d'accord avec la raison d'état, permet de se livrer aux douces impulsions de la nature; il importe donc souverainement de l'environner d'honneur et de respect : mais que deviendrait le mariage, s'il pouvait être dissous à volonté par la légèreté et le caprice ? Bientôt il ne différerait plus du simple concubinage, et l'on verrait renaître parmi nous cette dépravation de mœurs qu'Auguste voulut en vain réprimer par des lois, et qui amena par degrés la perte de la liberté et de l'empire.

§. I I.

De l'incompatibilité d'humeurs.

Les mêmes raisons s'appliquent au motif pris de l'incompatibilité d'humeurs; s'il dépend de l'un des époux de rompre le mariage, sur l'allégation seule de cette incompatibilité, quel est donc celui qui pourra compter sur un hymen durable ? et combien de mariages, l'inconstance, ou l'imagination même qui exagère la moindre contrariété, ne feront-elles pas dissoudre ?

On a cherché cependant à rajeunir ce moyen discrédité de divorce, en observant que si on ne l'admet que pour causes prouvées, on laisse dans la peine beaucoup d'époux qui ont à souffrir dans l'intérieur de leurs maisons, de procédés amers qu'on se garde bien de faire éclater en public.

Mais il est facile de répondre que ces cas-là sont trop rares, pour déterminer le législateur à violer, pour les prévenir, les règles les plus constantes de la justice : parce que, sur cent mille individus, il se trouvera un monstre de cruauté et de perfidie, qui se fera un jeu de tourmenter en secret une épouse qu'il affectera de bien traiter en public, faut-il donc exposer tous les autres mariages à être dissous, sans preuve, et sous le frivole prétexte d'incompatibilité d'humeurs ?

Les lois ne sont pas faites pour les cas extraordinaires, mais pour ce qui arrive communément ; et il serait sur-tout injuste d'en porter en faveur de quelques individus, lorsqu'elles tourneraient au détriment du plus grand nombre.

Et, d'ailleurs, quand même ces monstres qu'on suppose seraient plus communs qu'ils ne se trouvent réellement, serait-il possible que leur conduite demeurât toujours secrète?

N'arriverait-il jamais que des parens, des amis, des domestiques survinssent inopinément, ou même à dessein et bien avertis, au milieu de ces querelles outrageantes qu'on veut faire succéder sans cesse aux égards observés en public? Serait-il possible enfin que ces mauvais traitemens demeurassent toujours sans preuve? Non : toutes ces suppositions sont sans vraisemblance.

On insiste cependant, et l'on se creuse l'imagination pour faire passer ce frivole motif au moyen des entraves même qu'on met à sa pratique : on va jusqu'à proposer de faire perdre à l'époux qui l'exercera, tous ses avantages légaux et conventionnels, et la moitié même de sa fortune.

Mais comment qualifier une loi qui, pour remplir son objet, serait obligée de violer ainsi les premiers principes du droit, le premier instinct de la nature; qui punirait aussi sévèrement l'innocent, et uniquement l'innocent, lors même qu'elle verrait en face le coupable? Il est surprenant, pour se servir de l'expression de Montesquieu en pareil cas, que la gravité de l'erreur de ce système n'en ait pas fait découvrir toute l'erreur.

Et pourquoi toute cette interversion de principes ? C'est pour aller à la poursuite d'un cas chimérique, ou qui se perd tout au moins dans la foule des évènemens ordinaires sur lesquels le législateur doit statuer. Beaucoup mieux Puffendorff a dit, Droit public, liv. 6, du mariage : « Lorsqu'une loi est avantageuse » en général, on ne l'abolit pas pour quel- » ques incommodités qui en résultent pour » un petit nombre ; on regarde ces inconvé- » niens comme un simple malheur ».

§. III.

De la démence, folie, ou fureur.

On pourrait distinguer celles de ces maladies qui laissent des intervalles de bon sens, d'avec celles qui n'en laissent point et ensuite, le cas où il y a des enfans du mariage, d'avec celui où il n'en existe pas.

Lorsque la maladie laisse des intervalles dilucides, il est bien clair qu'elle ne doit pas donner lieu au divorce; le mariage n'est pas seulement une communauté de plaisirs et de biens; il l'est aussi de malheurs et de peines; eh ! de qui donc un époux tombé dans cet état affligeant doit-il recevoir des secours, plutôt que de celui qui a confondu son existence avec la sienne? *Quid enim tam humanum est*, dit la loi 22. ff. solut. matrim., *quàm fortuitis casibus uxoris maritum, vel uxorem viri, participem esse?*

Mais si la maladie ne laisse pas d'intervalles dilucides, et qu'il n'y ait pas d'enfans du mariage, doit-on alors permettre le divorce? Pour l'autoriser, on peut dire que le mariage n'est pas seulement l'union des corps, qu'il l'est plus particulièrement des esprits et des cœurs; qu'il est donc rompu lorsque l'un des époux a perdu l'esprit, et ne conserve plus qu'une existence matérielle; qu'il doit être alors assimilé à un mort, et qu'il n'est ni de la justice du législateur, ni de l'intérêt de l'État, d'obliger un être vivant à demeurer lié avec un mort.

Mais ces cas sont si rares, la loi que je viens de citer est si belle, il serait si cruel de s'être trompé sur la durée de la maladie, et si possible de le faire... il serait si barbare d'abandonner une épouse, de l'état de laquelle on peut avoir été la cause, même innocente, que je rejette encore cette exception.

§. I V.

*De la condamnation à des peines afflictives
ou infamantes.*

Si l'un des époux est condamné à des peines
perpétuelles, et qui emportent la mort civile,
le mariage est dissous de plein droit, sous les
rapports civils, qui sont les seuls que la loi
considère, et le magistrat n'a plus rien à prononcer à cet égard ; cette condamnation ne
peut donc être mise au nombre des causes de
divorce ; il n'y en a pas à faire avec un mort.

Mais si la condamnation ne porte que des
peines à tems, elle ne peut être un sujet légitime de divorce, sous quelqu'aspect qu'on
l'envisage.

Elle n'empêche pas le but du mariage.

L'époux innocent doit ses soins et ses con-
solations au malheureux condamné.

Il n'a pas à craindre qu'on verse sur lui
l'infamie de l'autre ; au contraire, sa fidélité
et sa constance à remplir ses engagemens,
l'élèvent et l'honorent aux yeux des hommes
vertueux, *cujus laudandum est propositum,*
dit la loi 1ᵉ. Cod. de rep.

Enfin, il est contre la nature des choses, qu'un engagement fait pour durer toute la vie soit rompu par des obstacles momentanés, et que celle qui s'est donnée pour toujours cesse pour quelque tems d'être la femme de quelqu'un, lorsqu'elle doit le redevenir après.

§. V.

Des crimes, sévices et injures graves de l'un des époux envers l'autre.

Tous les crimes qu'on pourrait absolument supposer entre époux, seraient l'empoisonnement de la part de la femme, et l'homicide de la part du mari; quand ces crimes n'auraient pas leur effet, ils n'en mériteraient pas moins, sur la poursuite du ministère public, une condamnation à mort, naturelle ou civile, laquelle dissoudrait de droit le mariage; mais d'ailleurs faut-il s'occuper d'évènemens si rares et si affreux? Il est des choses que le législateur ne doit pas prévoir.

Tous les autres délits qu'on voit arriver quelquefois entre époux, et qui se réduisent à quelque violence ou à quelque grossière injure, ne doivent pas être un moyen de divorce, mais seulement de séparation de corps, pour laisser toujours une porte ouverte à la réconciliation. Eh! ignore-t-on la force de l'habitude, et sur-tout la magie de cette réflexion : c'est le père, c'est la mère de mes enfans.

Je sais bien qu'en feuilletant le code pénal, on trouverait des cas qui ne sont pas impossibles entre époux, comme un bras cassé, ou une jambe rompue, et dont la peine n'emporte pas la mort civile. Mais je demanderai à ceux qui en feraient l'objection, s'ils ont vu souvent arriver des cas de cette espèce; si, sur les milliers de divorces prononcés depuis dix ans, il en est un seul pour pareille cause. Pour moi, depuis soixante ans que j'existe, j'ai été assez heureux pour n'en rencontrer jamais.

§. V I.

Du dérèglement de mœurs notoire.

Je ne sais pas pourquoi l'on s'est servi de cette périphrase, au lieu de dire tout simplement l'adultère : si par l'expression, dérèglement de mœurs notoire, on a voulu comprendre tous les vices auxquels les hommes

peuvent être sujets, il est impossible de sous-
crire à la généralité et au vague de cette disposition ; mais si l'on a seulement entendu
désigner l'adultère, il faut convenir qu'il y
a des raisons très-puissantes en faveur de cette
opinion.

D'abord, cette cause de dissolution du mariage est admise par toutes les religions, la
catholique romaine exceptée ; et dans le concile
même de Trente, on a bien déclaré ana-
thêmes ceux qui soutiendraient que l'Église
romaine errait lorsqu'elle déclarait le mariage
indissoluble par l'adultère, mais on n'a pas
condamné ceux qui prétendaient qu'il pouvait
dans ce cas être dissous (1); or, il est bien
constant que le Gouvernement, qui protége
toutes les religions, ne doit pas enlever aux
citoyens dont la croyance admet le divorce,
pour cause d'adultère, la faculté de se marier
à d'autres.

D'ailleurs, la raison ne semble-t-elle pas
enseigner que l'adultère attaque le mariage

---

(1) Si quis dixerit ecclesiam errare cum docet...
propter adulterium, matrimonii vinculum non posse
dissolvi.... anathema sit. Sess. 24. cap. 7.

dans son essence, et qu'il forme par consé-
quent contre celui qui s'y livre, un juste sujet
de dissolution ?

Quoique dans l'adultère, la faute du mari
et celle de la femme soient égales, cependant
l'énorme différence des suites en a fait établir
aussi une très-grande dans la manière dont
les lois doivent traiter ces adultères respectifs ;
elles détournent leurs regards de celui du
mari, lorsqu'il n'est pas un sujet de scandale
pour la femme et pour la famille ; mais lorsque le mari porte le mépris jusqu'à introduire
une autre femme dans sa maison (1), pour
lors il dissoût lui-même le nœud du mariage,
et le divorce doit être accordé à la femme,
comme il l'est au mari dans le cas de simple
adultère.

Je pense donc qu'avec la modification que
je viens d'expliquer, il serait possible de faire
cette exception unique à la règle de l'indissolubilité ; mais pour en rendre l'application
plus rare, il faudrait défendre à l'adultère
convaincu, de se remarier en quelque tems

____

(1) *Quod maxime castas exasperat*, dit la loi 8,
Cod. de repud.

que ce soit, ni avec son complice, ni avec aucun autre, s'il était possible qu'il trouvât d'autre dupe que celui-là.

§. V I I.

De l'abandon de l'un des époux par l'autre, pendant deux ans.

Si ce motif de divorce était admis, il remplacerait parfaitement ceux que nous venons de rejeter, sous le titre de consentement mutuel et d'incompatibilité d'humeurs.

Des époux entraînés en sens contraire par de nouvelles passions, n'auraient qu'à se séparer pendant deux ans, et garder le silence sur les invitations de réunion que l'un ferait à l'autre, ou même y répondre par un refus formel et concerté, et dès-lors le juge ne pourrait s'empêcher de prononcer le divorce, qui serait le but de cette comédie.

La jurisprudence ancienne avait suffisamment pourvu à cet inconvénient; les époux ne pouvaient pas se séparer de leur commun accord, encore moins par la volonté spontanée d'un seul. Cette séparation ne pouvait être autorisée que par le magistrat, et pour causes prouvées; et s'il en était autrement, le ministère public était chargé de s'interposer d'office pour les forcer à se réunir, et à faire cesser ce scandale donné aux mœurs.

Qu'est-ce qui empêche de prendre aujourd'hui la même voie? aujourd'hui sur-tout que toute distinction de rang et d'ordre ayant cessé, les magistrats ne doivent pas connaître de considérations qui les empêchent de remplir sévèrement leur ministère, et d'obliger tous les citoyens à obéir également aux lois.

Quelqu'un aurait-il l'audace de résister à la justice, et de s'obtiner à la séparation, sans lui en faire agréer les motifs; qu'il soit puni par des amendes successives d'une partie considérable de sa fortune, appliquées au profit de l'époux abandonné, et bientôt vous ne serez plus blessé par l'exemple funeste de ces séparations de convenance.

§. VIII.

De l'absence sans nouvelles.

L'absence de l'un des époux ne peut jamais autoriser le divorce : il ne peut en effet être prononcé régulièrement que pour fautes graves de l'un envers l'autre; mais quand un homme est absent sans qu'on sache de ses nouvelles, on ne peut pas décider s'il est innocent ou coupable, et dans le doute, on doit plutôt présumer que son absence a des motifs légitimes.

Mais reste à savoir si le mariage n'est pas censé rompu après une longue absence, par la présomption de la mort de l'absent; et s'il ne doit pas alors être permis à l'époux demeuré sur les lieux d'en contracter un nouveau.

Les Romains, qui faisaient peu de voyages de long cours, dans l'objet du commerce, n'avaient statué que sur l'absence du mari engagé dans la milice : à cet égard, la loi 6 ff. *de divortiis et repudiis*, avait permis à la femme de se remarier, cinq ans après la captivité du mari, sans autres nouvelles.

La loi 7. Cod. *de repudiis et jud.* permet le divorce et le convol à la femme du soldat, après quatre années seulement sans nouvelles.

Mais Justinien, par sa nov. 117. cap. 11, défend à la femme de se remarier, quelque longue que soit l'absence de son mari, à moins qu'elle ne présente des preuves positives de sa mort.

Montesquieu, Esprit des Lois, Liv. 24,
ch. 9, critique cette dernière loi; il dit que
mal-à-propos Justinien a demandé une preuve
positive, lorsqu'une preuve négative suffisait;
qu'il a exigé une chose très-difficile, celle de
rendre compte d'un homme éloigné et exposé
à tant d'accidens; qu'il présumait un crime,
c'est-à-dire, la désertion du mari, lorsqu'il
était si naturel de présumer sa mort.

J'observe d'abord, que Montesquieu n'a
raisonné ici que dans l'hypothèse de l'absence
d'un militaire, et que c'est une règle générale
qu'il s'agit d'établir.

Mais, quant aux militaires même, et à plus
forte raison, pour ceux qui voyagent dans l'objet
de négocier, ou de faire de nouvelles décou-
vertes, notre commerce est maintenant si étendu,
et nos expéditions si lointaines, que le terme de
quatre ans ne suffit pas quelquefois pour le
retour sans accident, et de combien de tems ces
accidens ne peuvent-ils pas le retarder?

Il n'y a donc pas de raison suffisante pour
fixer à l'absence, relativement au mariage,
d'autre époque pour la présomption de mort,
que celle qui est établie pour les cas ordinaires; et d'ailleurs, comme cette époque

devrait toujours être bien reculée, de quelle
utilité pourrait être, pour la République, le
mariage d'une femme communément hors
d'état de lui donner des enfans? Faut-il,
pour un intérêt aussi mince, s'exposer au
bouleversement que le retour inopiné de l'absent pourrait causer dans les familles? mettre
la propriété d'une femme en contestation entre
deux maris, et l'état des enfans en litige?

§. I X.

De l'émigration.

L'émigration est un crime politique une
fois arrivé, et qui ne doit pas trouver place
dans un code civil.

Voilà donc le divorce réduit à l'adultère;
eh! pour cette cause, communément si difficile
à prouver, faut-il donner atteinte au dogme
salutaire et politique de l'indissolubilité du
mariage? J'avoue que c'est bien là encore
une ample matière à réflexions pour le législateur.

Supposons cependant que par respect pour
la religion de la minorité, qui admet le divorce, ou l'autorise pour cette cause, même

pour d'autres que je n'ai pas cru suffisantes, du moins faut-il conserver quelque secours, dans les mariages malheureux, à la majorité qui ne veut pas du divorce ; et c'est ce qui nous reste à examiner.

CHAPITRE III.

De la séparation de corps.

Il est de fait que l'immense majorité de la France professe la religion catholique, même en y comprenant Paris, dont la plupart des habitans paraissent n'en avoir aucune.

Cette religion prohibe le divorce dans tous les cas, même dans celui de l'adultère ; elle permet seulement la séparation de corps pour les causes exprimées par la loi 8. Cod. *de repud.* et par les Nov. 22 et 117.

Ce n'est pas ici le lieu de discuter si cette prohibition est ou n'est pas conforme au texte de l'évangile ; il est rare qu'on convertisse personne en disputant sur sa créance, et c'est du fait qu'il s'agit seulement ici ; or, ce fait est incontestable.

.D'après ces données, si la loi n'admet pas la séparation de corps, il s'ensuivra qu'il ne restera aucune ressource aux époux catholiques contre les malheurs résultant d'une union mal assortie, car ils ne voudront pas prendre la voie du divorce : mais quel est le motif qui pourrait obliger le législateur à user de cette dureté contre la majorité de la Nation, à tourmenter ainsi sa conscience ?

Serait-ce la crainte du scandale que donnaient autrefois les séparations de corps, et pour ne pas forcer, comme on dit, les époux séparés, et qui ne peuvent s'unir à d'autres, à se réfugier dans le sein des mauvaises mœurs ? Mais sans rentrer dans la question de savoir si les divorces ne donnent pas aujourd'hui cent fois plus de scandale que n'en donnaient autrefois les séparations, et si le nombre des séparations d'autrefois fait bien le centième des divorces d'aujourd'hui, il n'est pas à présumer, du moins, que des époux, qui par principes religieux, ne veulent pas user du divorce, mènent une vie scandaleuse après leur séparation ; et si l'on objectait que l'on n'a pas la même garantie à l'égard de celui contre lequel la séparation est prononcée, il serait facile de répondre qu'il n'est pas très-important à la république, qu'un individu aussi diffamé, aille souiller un nouveau lit nuptial, et lui donne des rejettons de même espèce.

Mais ce mépris de la conscience du peuple dans la fabrication des lois, vient de plus loin, et a un motif ultérieur, qu'il importe de discuter dans l'intérêt politique même qui doit seul nous occuper dans ce moment.

Depuis près d'un siècle de prétendus philosophes ont cherché à ridiculiser toutes les religions ; à insinuer que tout culte était inutile, dangereux même, et qu'il suffisait au peuple de celui des lois. Un homme à grands talens, dont il a fait un plus grand abus encore, a sonné le premier le tocsin, et depuis il ne s'est guères trouvé de petit cuistre en littérature, qui n'ait voulu donner à la religion son coup de pied ; d'après cela que leur importe que l'opinion religieuse de la majorité prohibe le divorce, et ne permette que la séparation de corps ? Ce n'est qu'un motif de plus pour le propager.

Il n'est pas surprenant que ce système ait trouvé de nombreux partisans pendant l'anarchic sous laquelle nous avons vécu ; qu'on ait alors affecté de détruire toute religion, et de les flétrir indistinctement sous le nom de fanatisme ; d'écarter même jusqu'au nom de Dieu , pour y substituer des dénominations vagues, sous lesquelles on pouvait aussi bien entendre le Dieu de Spinosa que celui de la Genèse, et que, content de cette reconnaissance insignifiante, on l'ait laissé sans culte et sans autels ; dans ces tems malheureux, l'idée d'un Dieu rémunérateur était réservée pour la consolation de l'homme juste, et renfermée avec lui dans les cachots, et celle d'un Dieu vengeur était trop effrayante pour les tyrans, pour qu'ils ne cherchassent pas à se persuader qu'il n'existait pas.

Mais que, depuis la destruction de cet abominable régime, depuis la publication des lois qui garantissent solemnellement à chaque citoyen la liberté de son culte, depuis qu'on a reconnu la nécessité de faire descendre le peuple des échasses ridicules sur lesquelles on l'avait monté, et de le ramener sous le joug paisible des lois qui peuvent seules faire son bonheur, on ose encore reproduire quel-

ques têtes de cet odieux système, c'est ce
dont on ne peut assez s'étonner.

Ce n'est pas à des pères de famille, à des
magistrats instruits, qu'on a besoin de prouver
combien est utile, dans une République sur-
tout, le dogme et le culte de la Divinité; ils
savent que les législateurs des peuples les plus
libres ont voulu qu'ils fussent aussi les plus
religieux, parce que les Républiques ne pou-
vant avoir, par leur constitution, d'aussi
puissans moyens de répression que les Mo-
narchies, il faut y suppléer par un sentiment
interne, qui poursuive l'homme au moment
même où la loi semble le perdre de vue.

Il est absurde de prétendre contenir le
peuple dans les sentiers de la justice et de la
vertu, sans lui donner une religion, ou avec
une morale purement philosophique; il lui
faut quelque chose qui attache ses sens, qui
les frappe d'admiration ou de terreur. « Lé-
» gislateurs, philosophes, beaux-esprits, dit
» Jean-Jacques, qu'avez-vous à mettre à la
» place du *poulserro*? »

Ce serait une étrange illusion que d'ima-
giner que la masse du peuple français pût

jamais être plus éclairée que celui d'Athènes avec lequel il a tant de rapports. A Athènes, l'instruction se trouvait par-tout, le Lycée, le Portique, le Cynosarge, les jardins d'Académe étaient remplis de professeurs de politique et de morale ; la place publique où se traitaient immédiatement, par ce peuple dominateur, les plus grandes affaires de la Grèce et de l'Asie, la place publique était elle-même le théâtre d'une instruction perpétuelle, et l'aiguillon le plus pressant d'en profiter. Athènes d'ailleurs, sur cinq cent mille habitans, ne comptait que vingt mille citoyens ; tout le reste était composé de femmes et d'enfans, d'étrangers ou d'esclaves ; et l'on sent quelle supériorité ces citoyens devaient avoir généralement sur toutes les nations européennes modernes chez lesquelles, depuis l'abolition de l'esclavage, la grande masse du peuple est attachée presque sans relâche à des travaux incompatibles avec les méditations spéculatives. Et cependant quel peuple fut jamais plus religieux que les Athéniens ? Quel est celui qui porta plus loin l'observance scrupuleuse des cérémonies et des solemnités du culte, ou la sévérité contre ses détracteurs

et contre les partisans de toute doctrine im-
pie? L'histoire n'en a conservé que de trop
fameux exemples?

Ce n'est pas l'absurdité des mystères d'une
religion, ou la bisarrerie des pratiques de son
culte qui perdent les états, mais bien l'absence de toute religion, ou, ce qui est le
même, dit Cicéron, la pratique d'une religion dont la morale est fausse, ou dont la divinité est indifférente aux actions des hommes.

Si quelqu'un de nos prétendus philosophes
venait à découvrir tout-à-l'heure l'histoire
de la religion d'un peuple qui ne commen-
çait aucune grande entreprise sans s'être assuré
que certains poulets buvaient ou mangeaient
de bonne grace, ou si le foie d'une victime
était rouge ou noir; qui se désistait des opé-
rations les plus urgentes et rompait les dé-
libérations les plus capitales, si un homme
en deuil entrait par hasard dans l'assemblée;
qui, pour se préserver de la famine ou de
la peste, allait planter processionnellement
un clou dans le temple d'un certain Dieu;
notre philosophe ne manquerait pas d'en
conclure que ce peuple si superstitieux et
si fanatique devait être sans esprit et sans

connaissance dans l'art de gouverner les hommes, qu'il devait être livré à tous les vices des âmes lâches et timides, et n'avait pas manqué d'être bientôt la proie de quelque voisin moins scrupuleux que lui.

Eh bien ! ce peuple est pourtant celui qui a conservé le plus long-tems la pureté des mœurs, la frugalité, la tempérance et toutes les vertus privées ; ce peuple est celui qui a donné les plus grands exemples de vertus publiques ; ce peuple est celui qui a poussé à ses dernières limites l'art de gouverner les hommes ; ce peuple est celui qui a mis toutes les nations à ses pieds, autant par la sagesse de ses lois que par la force de ses armes ; ce peuple enfin, c'est le peuple romain.

Un précurseur de nos philosophes modernes discourait un jour, chez Pyrrhus, devant Fabricius, de l'épicuréisme, qui, comme on sait, n'admettait des Dieux que de nom, des Dieux inertes et sans providence : plût à Dieu, dit Fabricius, que tous les ennemis de Rome pussent prendre les principes d'une pareille secte !

Et c'est pourtant avec ces principes qu'on nous insinue aujourd'hui de gouverner notre république ; on veut nous débarrasser de tout lien religieux : ne serait-ce pas quelque Fabricius d'Angleterre qui nous ferait passer ces conseils-là ?

Mais , puisqu'il nous faut une religion, pourquoi ne garderions-nous pas celle que nous suivons depuis tant de siècles ? C'est contre elle, il est vrai, qu'on lâche le plus de sarcasmes ; « c'est, dit-on, la religion du des» potisme, elle abat le courage et détruit l'in» dustrie : voyez la faiblesse de l'Espagne et » du Portugal , les seuls états qui soient de» meurés attachés à cette vieille erreur ! » Il est cependant bien facile de la venger de tous ces reproches.

Posons d'abord en principe ce que personne jusqu'ici, hors les athées, ne s'est avisé de contester, c'est que toute religion dont la morale est bonne , et qui enseigne le dogme d'un Dieu rémunérateur et vengeur, est par cela seul très-utile, et mérite la protection du gouvernement.

Mais quelle est la religion qui réunit ces conditions à un degré aussi éminent que le christianisme ?

On est forcé de convenir que la morale

de l'évangile est la plus parfaite qui soit sortie
de la bouche des hommes, et on n'a pas besoin,
pour s'en convaincre, de recourir à la profession
de foi du vicaire savoyard ; le dogme d'un Dieu
rémunérateur et vengeur s'y trouve à chaque
ligne ; les sentimens de fraternité et de bien-
veillance, si favorables aux républiques, y
sont répandus par-tout ; à chaque page on
montre à tous les hommes une origine et une
fin communes, qui doivent si bien les disposer
à l'égalité dans le passage.

Qu'a-t-on après cela à reprocher à quelque
branche que ce soit du christianisme ? Ses
mystères ? Mais, je le demande à tout homme,
non pas chrétien, mais impartial, les mystères
d'Isis, de Cérès et de la bonne Déesse, avec
lesquels les Grecs et les Romains ont conquis
et éclairé le monde, valaient-ils donc mieux
que ceux de J. C. ?

Le catholicisme, dit-on, abat le courage !
Mais n'est-ce donc que d'aujourd'hui, que les
français sont braves, et les trente mille hommes avec lesquels Turenne dissipa cette ef-
froyable armée d'allémans, qui devaient se
partager la France, n'étaient-ils pas chrétiens ?
Il n'a manqué à la Nation que d'avoir, dans

toutes ses guerres, des hommes aussi dignes de la commander, que celui et ceux qu'elle a trouvés dans celle-ci.

D'un autre côté, les espagnols de Ferdinand, d'Isabelle et de Charles-Quint étaient-ils d'une religion différente de celle de leurs descendans?

D'Albuquerque, Gama et tous ces hommes audacieux que le Camoëns a chantés, n'étaient-ils pas les plus fervens zélateurs de la religion romaine (1)?

Quant à l'industrie, elle est fille du besoin et de la liberté, et la religion n'est incompatible avec aucun des deux.

Ainsi, disparaissent tous les reproches qu'on adresse à la religion chrétienne; mais je suppose que quelques-uns de ces reproches fussent fondés, et que la révolution de dix-huit siècles y eût introduit quelques abus, ne

____

(1) Si ces peuples sont aujourd'hui déchus de la puissance de leurs ancêtres, cela vient de ce qu'ils ont pris pour la religion, des abus qu'elle déteste, de l'émigration dans le nouveau monde, et d'autres causes qu'il serait inutile d'expliquer ici.

serait-il pas plus simple de les corriger, que de laisser aggraver la corruption des mœurs par la cessation de tout culte, ou de tenter d'introduire une religion nouvelle?

Croyez-vous donc qu'il soit aussi facile de changer ou d'abolir la religion d'une grande nation? il ne faut pas juger du peuple du plus plus grand nombre des départemens par celui de Paris, où les discours des athées, et les spectacles dans lesquels on a tourné en dérision les cérémonies du culte, ont presque effacé toute idée religieuse : dans les départemens, au contraire, les solemnités et les fêtes du christianisme sont un besoin, et la religion, un sentiment profond qui ne s'éteint qu'avec la vie.

La politique et la justice s'accordent donc à ne pas mettre, dans la matière dont il s'agit, les lois en opposition avec la religion du plus grand nombre, et si par déférence pour la minorité qui admet le divorce, il est équitable de l'autoriser, à plus forte raison doit-on permettre la séparation de corps à la majorité, qui ne croit pas pouvoir user du divorce.

Un peuple allié, et dont la religion est différente de la notre, nous a donné à ce sujet
un exemple que nous ne pouvons pas récuser.

La Prusse suit en général la confession
d'Ausbourg, et les catholiques y sont en petit
nombre. Cependant le code Prussien, *titre du
mariage*, après avoir dit, art. 733, qu'il ne
sera point donné de sentence de simple séparation de corps et de biens, s'il y a un seul
des époux de la religion protestante, ajoute,
art. 734 :

« Lorsqu'il aura été prononcé, entre des
» époux catholiques, une séparation sans re-
» tour de corps et de biens, elle aura tous les
» effets civils d'un divorce complet ».

Et art. 735 : « Mais en ce qui est relatif à la
» faculté de contracter de nouveaux liens,
» après la dissolution du mariage précédent,
» on s'en rapportera à la conscience de l'époux
» divorcé, qui, en cela, suivra les préceptes
» de sa religion ».

Ce respect, de la part d'un gouvernement
fort et puissant, pour la religion du petit
nombre de catholiques qui lui sont soumis,
mérite les plus grands éloges : cet acte de mo-
dération sera cependant surpassé par le nôtre,

si pour l'intérêt de la minorité dissidente, il fait une loi générale pour autoriser le divorce; mais ce serait dépasser toute mesure, et renverser toutes les convenances, que de ne pas conserver en même-tems à la majorité qui refuse le divorce, la seule ressource que sa religion lui présente, dans le cas d'un mariage malheureux.

Si les réflexions contenues dans ce petit ouvrage, pouvaient retenir sur les bords du précipice, quelques-unes de ces infortunées, que la violence des passions est prête à y jeter... Si je pouvais ramener autour du berceau de leur enfant, des époux aliénés, et que leurs regards bientôt adoucis par les ris de l'innocence, venant à se rencontrer dans ces momens si favorables à la tendresse, ils pussent tomber dans les bras l'un de l'autre, jurer de s'aimer encore, et d'oublier leurs torts..... Si j'avais pû donner quelque raison nouvelle aux femmes, pour ne chercher leur bonheur que dans l'attachement de leurs époux; aux maris, pour regarder avec attendrissement cet être délicat et sensible, confié par la loi à leur

défense et réservé par la nature, à leurs plaisirs; aux législateurs, pour ne cesser d'environner de respect le contrat sacré sur lequel la
société repose..... Je croirais n'avoir pas été
inutile à ma patrie, et je trouverais ma récom-
pense dans mon cœur.

www.ingramcontent.com/pod-product-compliance
Ingram Content Group UK Ltd.
Pitfield, Milton Keynes, MK11 3LW, UK
UKHW021710130726
13696UKWH00004B/1721